Shakes de Protéinés Faits Maison pour la Croissance Musculaire Maximale:

Changez votre Corps sans Pilules ou Suppléments de Créatine

Par

Joseph Correa

Nutritionniste Certifié des Sportifs

DROITS D'AUTEUR

© 2015 Correa Media Group

Tous droits réservés

La reproduction ou la traduction de toute partie de ce travail au-delà de ce qui est permis par l'article 107 ou 108 de la Loi de 1976 sur les droits d'auteur aux États-Unis 1976, sans l'autorisation préalable du propriétaire des droits d'auteur, est illégale.

Cette publication est conçue pour fournir des informations exactes et faisant autorité en ce qui concerne le sujet traité. Cette publication est vendue avec la condition implicite que ni l'auteur ni l'éditeur n'ont la capacité de prodiguer des conseils médicaux. Si des conseils ou une assistance médicale se déclarent nécessaires, vous êtes priés de consulter un médecin. Ce livre est considéré comme un guide et ne doit être utilisé en aucune façon nuisible à votre santé. Consultez un médecin avant de commencer ce plan nutritionnel pour vous assurer qu'il vous sera bénéfique.

REMERCIEMENTS

La réalisation et le succès de ce livre n'auraient pu être possibles sans le soutien et l'aide précieuse de ma famille.

Shakes de Protéinés Faits Maison pour la croissance Musculaire Maximale:

Changez votre Corps sans Pilules ou Suppléments de Créatine

Par

Joseph Correa

Nutritionniste Certifié des Sportifs

SOMMAIRE

Droits d'auteur

Remerciements

A propos de l'auteur

Introduction

Shakes de Protéinés Faits Maison pour la croissance Musculaire Maximale

D'autres grands titres de cet auteur

A PROPOS DE L'AUTEUR

En tant que nutritionniste certifié des sportifs et athlète professionnel, je crois fermement qu'une bonne nutrition vous aidera à atteindre vos objectifs plus rapidement et plus efficacement. Mes connaissances et mon expérience m'ont permis de vivre en meilleure santé tout au long des années et je l'ai partagé avec ma famille et mes amis. Plus vous en savez à propos de boire et vous nourrir plus sainement, et le plus tôt vous aurez envie de changer votre vie et vos habitudes alimentaires.

Réussir à contrôler votre poids est très important, car cela vous permettra d'améliorer tous les aspects de votre vie.

La nutrition est un élément clé dans le processus de se mettre en meilleure forme et c'est là tout le sujet de ce livre.

INTRODUCTION

Shakes de Protéinés Faits Maison pour la croissance Musculaire Maximale

Ce livre vous aidera à augmenter la quantité de protéines que vous consommez par jour, pour vous aider à augmenter vos muscles. Ces repas vous aideront à augmenter votre masse musculaire de manière organisée en ajoutant de bonnes quantités saines de protéines à votre alimentation. Être trop occupé pour bien se nourrir peut parfois devenir un problème et voilà pourquoi ce livre vous fera économiser du temps et vous aidera à nourrir votre corps pour atteindre les objectifs que vous voulez. Assurez-vous que vous savez ce que vous consommez en préparant vous-même vos repas ou en ayant quelqu'un qui les prépare pour vous.

Ce livre vous aidera à:

-Gagner du muscle rapidement et naturellement.

-Améliorer la récupération musculaire.

-Avoir plus d'énergie.

-Accélérer naturellement votre métabolisme pour construire plus de muscle.

-Améliorer votre système digestif.

Joseph Correa est un nutritionniste du sport certifié et un athlète professionnel.

SHAKES DE PROTEINES FAITS MAISON POUR LA CROISSANCE MUSCULAIRE MAXIMALE

1. Shake d'Avoines et d'Amandes

Temps de Préparation: 5 minutes
Portions: 3

1. Ingrédients:

220ml de lait
1 cuillère amandes (grinded) (15g)
1 cuillère de Flocons d'avoine (15g)
1 cuillère à café de sirop d'érable (5g)
½ cuillère à café d'extrait de vanille (2-3g)
2 cuillère de yaourt Grec (30g)
30g de Protéines de Lactosérum

2. Préparation:

Tous les ingrédients vont dans un mélangeur et sont mélanges jusqu'à obtention d'une consistance lisse.

3. Composants nutritionnels (quantité par 100ml / composition entière):
Contient du calcium, du fer;

Calories: 111
  Calories provenant des matières grasses: 29

Lipides Total: 3.2g
  Lipides saturés: 0.7g

Cholesterol: 21mg
Sodium: 58mg

Potassium: 182mg

Total Carbohydrates: 9.3g
  Fibres alimentaires: 0.8g
  Sucre: 5.1g
Protéines: 11.1g
Calories: 333

Calories provenant des matières grasses: 86

Lipides Total: 9.5g
  Lipides saturés: 2.1g

Cholesterol: 64mg

Sodium: 175mg

Potassium: 547mg

Total Carbohydrates: 27.9g
  Fibres alimentaires: 2.6g
  Sucre: 15.3g
Protéines: 33.5g

2.   Shake de Farine d'Avoine et de Peppermint

Temps de Préparation: 5 minutes
Portions: 5

1. Ingrédients:

70g farine d'avoine
30g flocons de son
300ml lait
50g fromage blanc
½ cuillère à café d'extrait de peppermint (3g)
30g glace (vanille/Chocolat)

50g protéine de lactosérum (Chocolat)

2. Préparation:

Mélanger tous les ingrédients dans un mélangeur jusqu'à ce que la composition soit lisse.

3. Composants nutritionnels (quantité par 100ml / composition entière):

Contient de la De la Vitaminee A, du calcium, du fer.

Calories: 180
    Calories provenant des matières grasses: 51

Lipides Total: 5.6g
    Lipides saturés: 2.9g

Cholesterol: 30mg
Sodium: 111mg

Potassium: 179mg

Total Carbohydrates: 20.7g
    Fibres alimentaires: 2.5g

Sucre: 6.2g
Protéines: 12.6g
Calories: 900

Calories provenant des matières grasses: 253

Lipides Total: 28.1g

Lipides saturés: 14.4g

Cholesterol: 151mg

Sodium: 555mg

Potassium: 869mg

Total Carbohydrates: 104g

Fibres alimentaires: 12.4g

Sucre: 31.2g

Protéines: 63.2g

3. Shake à la Cannelle

Temps de Préparation: 5 minutes
Portions: 3

1. Ingrédients:

240ml lait
¼ cuillère Cannelle (4g)
½ cuillère à café extrait de vanilles (3g)
2 cuillères de glace a la vanille (30g)
2 cuillères Flocons d'avoine (30g)
50g protéine de lactosérum

2. Préparation:

Mélanger tous les ingrédients dans un mélangeur jusqu'à ce que la composition soit lisse

3. Composants nutritionnels (quantité par 100ml / composition entière):

Contient De la Vitamine A, calcium, iron.

Calories: 131
    Calories provenant des matières grasses: 30

Lipides Total: 3.3g
    Lipides saturés: 1.8g

Cholesterol: 42mg

Sodium: 73mg

Potassium: 158mg

Total Carbohydrates: 10.3g
Fibres alimentaires: 1g
Sucre: 4.8g
Protéines: 15.3g

Shakes de Protéinés Faits Maison pour la Croissance Musculaire Maximale

Calories: 342

Calories provenant des matières grasses: 89

Lipides Total: 9.9g

Lipides saturés: 5.4g

Cholesterol: 127mg

Sodium: 219mg

Potassium: 474mg

Total Carbohydrates: 31g
Fibres alimentaires: 3.1g
Sucre: 14.4g

Protéines: 45.9g

4. Amandes Shake

Temps de Préparation: 5 minutes
Portions: 5

1. Ingrédients:

220ml lait d'amandes
120g farine d'avoine
50g de Protéines de Lactosérum
80g raisins
20g amandes (grinded)
1 cuillère peanut butter (15g)

2. Préparation:

Mélanger tous les ingrédients dans un mélangeur jusqu'à ce que la composition soit lisse

3. Composants nutritionnels (quantité par 100ml / composition entière):

Contient : De la Vitamine C, du fer, du calcium.

Calories: 241
 Calories provenant des matières grasses: 61

Lipides Total: 6.7g
 Lipides saturés: 1.6g

Cholesterol: 24mg

Sodium: 57mg

Potassium: 339mg

Total Carbohydrates: 33.8g
Fibres alimentaires: 3.7g
Sucre: 12.5g

Shakes de Protéinés Faits Maison pour la Croissance Musculaire Maximale

Protéines: 13.9g
Calories: 1207

   Calories provenant des matières grasses: 304

Lipides Total: 33.7g

   Lipides saturés: 8g

Cholesterol: 122mg

Sodium: 283mg

Potassium: 1693mg

Total Carbohydrates: 169g

   Fibres alimentaires: 18.5g
   Sucre: 62.3g

Protéines: 69.4g

5. Banana & Amandes Shake

Temps de Préparation: 5 minutes
Portions: 5

1. Ingrédients:

2 bananas
230ml lait d'amandes
20g amandes (grinded)
10g pistachios (grinded)
40g de Protéines de Lactosérum

2. Préparation:

Mélanger tous les ingrédients dans un mélangeur jusqu'à ce que la composition soit lisse

3. Composants nutritionnels (quantité par 100ml / composition entière):

Contient des De la Vitaminees A, C, du fer, du calcium.

Calories: 241	Sodium: 57mg
Calories provenant des matières grasses: 61	Potassium: 339mg
Lipides Total: 6.7g	Total Carbohydrates: 33.8g
Lipides saturés: 1.6g	Fibres alimentaires: 3.7g
Cholesterol: 24mg	Sucre: 12.5g

Shakes de Protéinés Faits Maison pour la Croissance Musculaire Maximale

Protéines: 13.9g
Calories: 1073

    Calories provenant des matières grasses: 659

Lipides Total: 73.2g

    Lipides saturés: 52.1g

Cholesterol: 83mg

Sodium: 109mg

Potassium: 1934mg

Total Carbohydrates: 78.7g

    Fibres alimentaires: 14.8g

    Sucre: 39.4g

Protéines: 42.8g

6. Shake aux Baies Sauvages

Temps de Préparation: 5 minutes
Portions: 7

1. Ingrédients:

30g de fraises
30g de Myrtilles
30g de framboises
30g de Groseilles
500ml lait
60g de Protéines de Lactosérum
1 cuillère à café extrait de vanille (5g)
1 cuillère à café d'extrait de citron (5g)

2. Préparation:

Mélanger tous les ingrédients dans un mélangeur jusqu'à ce que la composition soit lisse. Vous pouvez ajouter quelques glaçons dans le mélange.

Composants nutritionnels (quantité par 100ml / composition entière):

Contient de la De la Vitaminee A, C, du fer, du calcium.
Calories: 78
    Calories provenant des matières grasses: 19

Lipides Total: 2.1g
    Lipides saturés: 1.2g

Cholesterol: 24mg
Sodium: 50mg

Potassium: 119mg

Total Carbohydrates: 6.7g
    Fibres alimentaires: 0.7g
    Sucre: 4.7g
Protéines: 8.7g
Calories: 549

    Calories provenant des matières grasses: 131

Lipides Total: 14.6g

Lipides saturés: 8.1g

Cholesterol: 167mg

Sodium: 351mg

Potassium: 832mg

Total Carbohydrates: 46.9g
    Fibres alimentaires: 4.6g
    Sucre: 33g
Protéines: 61g

7. Shake aux fraises

Temps de Préparation: 5 minutes
Portions: 5

1. Ingrédients:

30g de fraises
100g De yaourt Grec
200ml lait
40g de Protéines de Lactosérum
2 oeufs
20g sweetener (de miel/ brown Sucre)
ice cubes
1 cuillère à café extrait de vanille (5g)

2. Préparation:

Mélanger tous les ingrédients dans un mélangeur jusqu'à ce que la composition soit lisse

The De yaourt Grec can have different aromas like vanilla or strawberry, or just be plain yogurt. It works will all flavors.

3. Composants nutritionnels (quantité par 100ml / composition entière):

Contient De la Vitamine A, C, du fer, du calcium.
Calories: 96

Calories provenant des matières grasses: 32

Lipides Total: 3.5g
    Lipides saturés: 1.6g

Cholesterol: 87mg
Sodium: 65mg

Potassium: 131mg

Total Carbohydrates: 9.2g
    Fibres alimentaires: 2.5g
    Sucre: 3.4g
Protéines: 11.3g

Calories: 508

Calories provenant des matières grasses: 157

Lipides Total: 17.4g
    Lipides saturés: 8g

Cholesterol: 433mg

Sodium: 326mg

Potassium: 656mg

Total Carbohydrates: 45.9g
    Fibres alimentaires: 12.4g
    Sucre: 17.2g
Protéines: 56.6g

8.   Strawberry Vanilla Shake

Temps de Préparation: 5 minutes
Portions: 7

1. Ingrédients:

100g de fraises
1 banana
1 cuillère à café extrait de vanille (5g)
1 cuillère d'extrait de fraises (15g)
50g Flocons d'avoine
200ml lait
5 oeufs
Glaçons

2. Préparation:

Mélanger tous les ingrédients dans un mélangeur jusqu'à ce que la composition soit lisse

3. Composants nutritionnels (quantité par 100ml / composition entière):

Contient De la Vitamine A, C, du fer, du calcium.
Calories: 112
   Calories provenant des matières grasses: 39

Lipides Total: 4.3g

Lipides saturés: 1.4g

Cholesterol: 119mg
Sodium: 59mg

Potassium: 170mg

Total Carbohydrates: 11.7g
Fibres alimentaires: 1.4g
Sucre: 4.6g
Protéines: 6.1g

Calories: 782

Calories provenant des matières grasses: 271

Lipides Total: 30.1g

Lipides saturés: 10.1g

Cholesterol: 835mg

Sodium: 421mg

Potassium: 1189mg

Total Carbohydrates: 82g
Fibres alimentaires: 10.1g
Sucre: 32.5g
Protéines: 43g

9. Shake aux Fraises et aux Noix

Temps de Préparation: 5 minutes
Portions: 4

1. Ingrédients:

50g de fraises
50g mix de noix (émincées)
200ml lait
100g de Yaourt Grec
2 cuillères Flocons d'avoine (30g)

2. Préparation:

Mélanger tous les ingrédients dans un mélangeur jusqu'à ce que la composition soit lisse

3. Composants nutritionnels (quantité par 100ml / composition entière):

Contient De la Vitamine A, C, du fer, du calcium.

Calories: 140
    Calories provenant des matières grasses: 81

Lipides Total: 9g
    Lipides saturés: 1.4g

Cholesterol: 1mg
Sodium: 80mg

Potassium: 125mg

Total Carbohydrates: 9.2g
    Fibres alimentaires: 1.4g
    Sucre: 4.3g
Protéines: 6.9g
Calories: 417

Calories provenant des matières grasses: 324

Lipides Total: 36g

Lipides saturés: 5.4g

Cholesterol: 5mg

Sodium: 321mg

Potassium: 499mg

Total Carbohydrates: 36.9g

Fibres alimentaires: 5.5g

Sucre: 17.1g

Protéines: 27.6g

10. Shake aux Framboises

Temps de Préparation: 5 minutes
Portions: 4

1. Ingrédients:

50g de Protéine de Lactosérum
100g de framboises
30g de fraises
50g crème aigre
200ml lait
1 cuillère à café extrait de lime (5g)

2. Préparation:

Mélanger tous les ingrédients dans un mélangeur jusqu'à ce que la composition soit lisse

3. Composants nutritionnels (quantité par 100ml / composition entière):

Contient De la Vitamine A, C, B-12, du fer, du calcium.

Calories: 116
    Calories provenant des matières grasses: 41

Lipides Total: 4.6g
    Lipides saturés: 2.6g

Cholesterol: 36mg

Sodium: 54mg

Potassium: 168mg

Total Carbohydrates: 8.1g
    Fibres alimentaires: 1.8g
    Sucre: 4.2g

Protéines: 11.4g

Calories: 465

    Calories provenant des matières grasses: 166

Lipides Total: 18.4g

    Lipides saturés: 10.6g

Cholesterol: 143mg

Sodium: 214mg

Potassium: 670mg

Total Carbohydrates: 32.5g

    Fibres alimentaires: 7.1g

    Sucre: 16.8g

Protéines: 45.5g

11. Shake aux Myrtilles

Temps de Préparation: 5 minutes
Portions: 6

1. Ingrédients:

250g de Myrtilles
50g Crème aigre
80g Flocons d'avoine
100ml lait de noix de coco
160g purée de citrouille
Cannelle, muscade pour Saupoudrer

2. Préparation:

Mélanger tous les ingrédients dans un mélangeur jusqu'à ce que la composition soit lisse

3. Composants nutritionnels (quantité par 100ml / composition entière):

Contient De la Vitamine A, C, du fer, du calcium.

Calories: 140
   Calories provenant des matières grasses: 62

Lipides Total: 6.9g
   Lipides saturés: 4.8g

Cholesterol: 4mg

Sodium: 9mg

Potassium: 192mg

Total Carbohydrates: 18.5g
Fibres alimentaires: 3.5g
Sucre: 5.7g

Shakes de Protéinés Faits Maison pour la Croissance Musculaire Maximale

Protéines: 3g
Calories: 641

Calories provenant des matières grasses: 371

Lipides Total: 41.2g

Lipides saturés: 29.1g

Cholesterol: 22mg

Sodium: 56mg

Potassium: 1150mg

Total Carbohydrates: 112g
Fibres alimentaires: 21g
Sucre: 34.4g
Protéines: 18.1g

12. Shake de Beurre de Cacahuètes

Temps de Préparation: 5 minutes
Portions: 6

1. Ingrédients:

300ml lait d'amandes
50g peanut butter
50g mix nuts
6 egg whites
1 cuillère à café extrait de beurre (5g)

2. Préparation:

Mélanger tous les ingrédients dans un mélangeur jusqu'à ce que la composition soit lisse

3. Composants nutritionnels (quantité par 100ml / composition entière):

Contient De la Vitamine C, du fer, du calcium.

Calories: 236
    Calories provenant des matières grasses: 191

Lipides Total: 21.3g
    Lipides saturés: 12.2g

Cholesterol: 0mg
Sodium: 109mg

Potassium: 241mg

Total Carbohydrates: 6.2g
    Fibres alimentaires: 2g
    Sucre: 3.1g
Protéines: 8.3g
Calories: 1415

Calories provenant des matières grasses: 1148

Lipides Total: 127.6g

Lipides saturés: 73.1g

Cholesterol: 0mg

Sodium: 656mg

Potassium: 1448mg

Total Carbohydrates: 37.2g

Fibres alimentaires: 11.9g

Sucre: 18.5g

Protéines: 50.2g

13. Shake de beurre de Cacahuètes et Banane

Temps de Préparation: 5 minutes
Portions: 7

1. Ingrédients:

250ml lait d'amandes
2 bananes
30g beurre de cacahuetes
5 oeufs
2 cuillères à cafés de miel (10g)
1 cuillère à café d'extrait de vanille (5g)

2. Préparation:

Mélanger tous les ingrédients dans un mélangeur jusqu'à ce que la composition soit lisse

3. Composants nutritionnels (quantité par 100ml / composition entière):

Contient De la Vitamine A, C, du fer, du calcium.
Calories: 191
    Calories provenant des matières grasses: 126

Lipides Total: 14g
    Lipides saturés: 9.1g

Cholesterol: 117mg

Sodium: 70mg

Potassium: 288mg

Total Carbohydrates: 12.5g
Fibres alimentaires: 1.9g
Sucre: 7.7g

Shakes de Protéinés Faits Maison pour la Croissance Musculaire Maximale

Protéines: 6.2g
Calories: 1339

    Calories provenant des matières grasses: 884

Lipides Total: 98.2g

    Lipides saturés: 63.9g

Cholesterol: 818mg

Sodium: 487mg

Potassium: 2015mg

Total Carbohydrates: 87.6g
    Fibres alimentaires: 13.5g
    Sucre: 53.9g
Protéines: 43.6g

14. Shake de Beurre de Cacahuètes et Chocolat

Temps de Préparation: 5 minutes
Portions: 3

1. Ingrédients:

2 cuillère de poudre de cacao(30g)
30g peanut butter
250ml lait d'amandes
50g de Protéines de Lactosérum

2. Préparation:

Mélanger tous les ingrédients dans un mélangeur jusqu'à ce que la composition soit lisse

3. Composants nutritionnels (quantité par 100ml / composition entière):

Contient De la Vitamine C, du fer, du calcium.

Calories: 326
    Calories provenant des matières grasses: 240

Lipides Total: 26.6g
    Lipides saturés: 19.7g

Cholesterol: 35mg
Sodium: 89mg

Potassium: 472mg

Total Carbohydrates: 10.6g
Fibres alimentaires: 3.5g
Sucre: 4.3g
Protéines: 17g
Calories: 977

Calories provenant des matières grasses: 719

Lipides Total: 79.9g

Lipides saturés: 59.1g

Cholesterol: 104mg

Sodium: 267mg

Potassium: 1415mg

Total Carbohydrates: 31.8g

Fibres alimentaires: 10.6g

Sucre: 13g

Protéines: 51g

15. Shake au Chocolat

Temps de Préparation: 5 minutes
Portions: 6

1. Ingrédients:

3 cuillères de poudre de cacao (45 g)
250ml lait
120ml de purée de citrouille
1 cuillère à café d'extrait de vanille (5g)
5 oeufs

2. Préparation:

Mélanger tous les ingrédients dans un mélangeur jusqu'à ce que la composition soit lisse

3. Composants nutritionnels (quantité par 100ml / composition entière):

Contient De la Vitamine A, C, du fer, du calcium

Calories: 89

Calories provenant des matières grasses: 44

Lipides Total: 4.9g

Lipides saturés: 1.9g

Cholesterol: 140mg

Sodium: 73mg

Potassium: 185mg

Total Carbohydrates: 5.6g
Fibres alimentaires: 1.4g
Sucre: 3g

Protéines: 6.7g
Calories: 534

   Calories provenant des matières grasses: 267

Lipides Total: 29.6g

   Lipides saturés: 11.4g

Cholesterol: 840mg

Sodium: 439mg

Potassium: 1112mg

Total Carbohydrates: 33.8g
   Fibres alimentaires: 8.4g
   Sucre: 18.2g
Protéines: 40.4g

16. Shake au Chocolat & aux Amandes

Temps de Préparation: 5 minutes
Portions: 5

1. Ingrédients:

2 cuillères de pudding au Chocolat (30g)
50g amandes (tranchées)
300ml lait
40g de Protéines de Lactosérum
1 cuillère à café sirop amaretto (5g)

2. Préparation:

Mélanger tous les ingrédients dans un mélangeur jusqu'à ce que la composition soit lisse

3. Composants nutritionnels (quantité par 100ml / composition entière):

Contient De la Vitamine A, du fer, du calcium.
Calories: 131   Cholesterol: 22mg

Calories provenant des matières grasses: 61

Sodium: 70mg

Potassium: 154mg

Lipides Total: 6.8g

Total Carbohydrates: 9g
Fibres alimentaires: 1.3g
Sucre: 3.5g

Lipides saturés: 1.4g

Shakes de Protéinés Faits Maison pour la Croissance Musculaire Maximale

Protéines: 9.9g
Calories: 656

   Calories provenant des matières grasses: 303

Lipides Total: 33.7g

   Lipides saturés: 6.9g

Cholesterol: 109mg

Sodium: 351mg

Potassium: 770mg

Total Carbohydrates: 45.2g
   Fibres alimentaires: 6.5g
   Sucre: 17.2g
Protéines: 49.3g

17. Shake au Caramel et aux Noisettes

Temps de Préparation: 5 minutes
Portions: 4

1. Ingrédients:

50g Noisettes (hachées)
1 cuillère à café de sirop de caramel (5g)
1 cuillère à café de sirop d'érable (5g)
250ml lait d'amandes
50g de Protéines de Lactosérum

2. Préparation:

Mélanger tous les ingrédients dans un mélangeur jusqu'à ce que la composition soit lisse

3. Composants nutritionnels (quantité par 100ml / composition entière):

Contient De la Vitamine C, du fer, du calcium.

Calories: 307	Cholesterol: 26mg
Calories provenant des matières grasses: 211	Sodium: 37mg
	Potassium: 326mg
Lipides Total: 23.4g	Total Carbohydrates: 15.5g
Lipides saturés: 14.3g	Fibres alimentaires: 2.6g

Sucre: 11g
Protéines: 12.2g
Calories: 1228

Calories provenant des matières grasses: 844

Lipides Total: 93.8g

Lipides saturés: 57.3g

Cholesterol: 104mg

Sodium: 148mg

Potassium: 1303mg

Total Carbohydrates: 61.8g

Fibres alimentaires: 10.4g

Sucre: 44.1g

Protéines: 49g

18. Shake de Prunes

Temps de Préparation: 5 minutes
Portions: 8

1. Ingrédients:

200g Prunes
50g raisins
200ml lait
4 oeufs
100g quark
70g Flocons d'avoine

2. Préparation:

Mélanger tous les ingrédients dans un mélangeur jusqu'à ce que la composition soit lisse

3. Composants nutritionnels (quantité par 100ml / composition entière):

Contient De la Vitamine A, C, du fer, du calcium.

Calories: 122	Cholesterol: 87mg
Calories provenant des matières grasses: 43	Sodium: 62mg
	Potassium: 149mg
Lipides Total: 4.7g	Total Carbohydrates: 14.7g
Lipides saturés: 1.8g	

Fibres alimentaires: 1.3g
Sucre: 7.2g
Protéines: 6.2g
Calories: 975

Calories provenant des matières grasses: 340

Lipides Total: 37.8g

Lipides saturés: 14.3g

Cholesterol: 699mg

Sodium: 499mg

Potassium: 1190mg

Total Carbohydrates: 117g
Fibres alimentaires: 10.7g
Sucre: 57.7g
Protéines: 49.7g

19. Shake Tropical

Temps de Préparation: 5 minutes
Portions: 5

1. Ingrédients:

1 banana
150g ananas
40g mango
200ml coconut lait
1 cuillère à café de miel (5g)
50g de Protéines de Lactosérum

2. Préparation:

Mélanger tous les ingrédients dans un mélangeur jusqu'à ce que la composition soit lisse

3. Composants nutritionnels (quantité par 100ml / composition entière):

Contient De la Vitamine A, C, du fer, du calcium.

Calories: 178	Cholesterol: 21mg
Calories provenant des matières grasses: 94	Sodium: 25mg
	Potassium: 294mg
Lipides Total: 10.4g	Total Carbohydrates: 15.3g
Lipides saturés: 8.9g	

Fibres alimentaires: 2.1g
Sucre: 9.9g
Protéines: 8.5g
Calories: 889

Calories provenant des matières grasses: 468

Lipides Total: 52g

Lipides saturés: 44.6g

Cholesterol: 104mg

Sodium: 124mg

Potassium: 1468mg

Total Carbohydrates: 76.4g
Fibres alimentaires: 10.3g
Sucre: 49.2g
Protéines: 42.7g

20. Shake a la Pêche

Temps de Préparation: 5 minutes
Portions: 8

1. Ingrédients:

6 pêches
300ml lait
140g mandarines
30g Flocons d'avoine
4 oeufs

2. Préparation:

Mélanger tous les ingrédients dans un mélangeur jusqu'à ce que la composition soit lisse

3. Composants nutritionnels (quantité par 100ml / composition entière):

Contient De la Vitamine A, C, du fer, du calcium.
Calories: 70   Cholesterol: 57mg

   Calories provenant des matières grasses: 20

Sodium: 34mg

Potassium: 137mg

Lipides Total: 2.3g

Total Carbohydrates: 9.5g
   Fibres alimentaires: 1g
Sucre: 7.2g
Protéines: 3.5g

   Lipides saturés: 0.3g

Shakes de Protéinés Faits Maison pour la Croissance Musculaire Maximale

Calories: 839

    Calories provenant des matières grasses: 245

Lipides Total: 27.3g

    Lipides saturés: 9.7g

Cholesterol: 680mg

Sodium: 405mg

Potassium: 1639mg

Total Carbohydrates: 115g

    Fibres alimentaires: 12.4g

    Sucre: 86.2g

Protéines: 41.6g

21. Shake de Prunes et Citron

Temps de Préparation: 5 minutes
Portions: 6

1. Ingrédients:

150g plums
2 lemons (juice)
2 cuillères à cafés de miel (10g)
200ml lait
Ice cubes
150g de yaourt Grec
4 oeufs

2. Préparation:

Mélanger tous les ingrédients dans un mélangeur jusqu'à ce que la composition soit lisse

3. Composants nutritionnels (quantité par 100ml / composition entière):

Contient De la Vitamine A, C, du fer, du calcium.

Calories: 74	Lipides saturés: 1.3g
Calories provenant des matières grasses: 29	Cholesterol: 85mg
	Sodium: 50mg
Lipides Total: 3.2g	Potassium: 111mg

Total Carbohydrates: 6.4g
   Fibres alimentaires: 0.6g
   Sucre: 5.1g
Protéines: 5.8g
Calories: 589

   Calories provenant des matières grasses: 228

Lipides Total: 25.3g

   Lipides saturés: 10.3g

Cholesterol: 679mg

Sodium: 397mg

Potassium: 890mg

Total Carbohydrates: 51.2g
   Fibres alimentaires: 4.6g
   Sucre: 40.9g
Protéines: 45.9g

22. Shake a l'ananas

Temps de Préparation: 5 minutes
Portions: 6

1. Ingrédients:

300g d'ananas
200ml lait d'amandes
30g de framboises
30g Flocons d'avoine
1 lime (juice)
40g de Protéines de Lactosérum

2. Préparation:

Mélanger tous les ingrédients dans un mélangeur jusqu'à ce que la composition soit lisse

3. Composants nutritionnels (quantité par 100ml / composition entière):

Contient De la Vitamine A, C, du fer, du calcium.

Calories: 153	Cholesterol: 14mg
Calories provenant des matières grasses: 80	Sodium: 18mg
	Potassium: 218mg
Lipides Total: 8.9g	Total Carbohydrates: 14.4g
Lipides saturés: 7.4g	

Fibres alimentaires: 2.6g
Sucre: 6.7g
Protéines: 6.6g
Calories: 920

Calories provenant des matières grasses: 481

Lipides Total: 53.4g

Lipides saturés: 44.5g

Cholesterol: 83mg

Sodium: 109mg

Potassium: 1309mg

Total Carbohydrates: 86.3g
Fibres alimentaires: 15.5g
Sucre: 40.3g
Protéines: 39.6g

23.   Shake a l'Orange

Temps de Préparation: 5 minutes
Portions: 8

1. Ingrédients:

5 oranges
10 oeufs
2 cuillères de miel

2. Préparation:

Mélanger tous les ingrédients dans un mélangeur jusqu'à ce que la composition soit lisse

3. Composants nutritionnels (quantité par 100ml / composition entière):

Contient De la Vitamine A, C, du fer, du calcium.
Calories: 85   Potassium: 163mg

Calories provenant des matières grasses: 29

Total Carbohydrates: 10.4g
Fibres alimentaires: 1.6g

Lipides Total: 3.2g

Sucre: 8.8g
Protéines: 4.6g

Lipides saturés: 1g

Calories: 1189

Cholesterol: 117mg

Sodium: 44mg

Calories provenant des matières grasses: 404

Lipides Total: 44.8g

   Lipides saturés: 13.8g

Cholesterol: 1637mg

Sodium: 618mg

Potassium: 2277mg

Total Carbohydrates: 146g

   Fibres alimentaires: 22.2g

   Sucre: 123.9g

Protéines: 64.1g

24.   Shake Pinna Colada

Temps de Préparation: 5 minutes
Portions: 8

1. Ingrédients:

200g ananas
200g coconut lait
50g Flocons d'avoine
300ml lait
4 oeufs

2. Préparation:

Mélanger tous les ingrédients dans un mélangeur jusqu'à ce que la composition soit lisse

3. Composants nutritionnels (quantité par 100ml / composition entière):

Contient De la Vitamine A, C, du fer, du calcium.

Calories: 128

Calories provenant des matières grasses: 75

Lipides Total: 8.3g

Lipides saturés: 5.8g

Cholesterol: 76mg

Sodium: 48mg

Potassium: 149mg

Total Carbohydrates: 9.8g
Fibres alimentaires: 1.1g
Sucre: 4.7g

Shakes de Protéinés Faits Maison pour la Croissance Musculaire Maximale

Protéines: 4.9g
Calories: 1155

   Calories provenant des matières grasses: 675

Lipides Total: 75g

   Lipides saturés: 52.1g

Cholesterol: 680mg

Sodium: 428mg

Potassium: 1339mg

Total Carbohydrates: 87.8g
   Fibres alimentaires: 12.2g
   Sucre: 42.2g
Protéines: 44.5g

25.   Shake à la Pomme

Temps de Préparation: 5 minutes
Portions: 3

1. *Ingrédients:*

350g Pomme
1 cuillère à café de cannelle
200ml lait d'amandes
2 cuillères à café d'extrait de vanille
40g de Protéines de Lactosérum

2. *Préparation:*

Mélanger tous les ingrédients dans un mélangeur jusqu'à ce que la composition soit lisse

3. *Composants nutritionnels (quantité par 100ml / composition entière):*

Contient De la Vitamine C, du fer, du calcium.

Calories: 139	Cholesterol: 14mg
Calories provenant des matières grasses: 77	Sodium: 18mg
	Potassium: 193mg
Lipides Total: 8.6g	Total Carbohydrates: 11.2g
Lipides saturés: 7.4g	Fibres alimentaires: 2.3g

Sucre: 7.6g
Protéines: 5.7g
Calories: 833

Calories provenant des matières grasses: 463

Lipides Total: 51.4g

Lipides saturés: 44.1g

Cholesterol: 83mg

Sodium: 106mg

Potassium: 1157mg

Total Carbohydrates: 67.3g

Fibres alimentaires: 14.2g

Sucre: 45.5g
Protéines: 34.3g

26. Shake aux Oeufs

Temps de Préparation: 5 minutes
Portions: 8

1. Ingrédients:

10 oeufs
300ml lait
100g De Yaourt Grec
2 cuillères de miel (30g)
50g Flocons d'avoine

2. Préparation:

Mélanger tous les ingrédients dans un mélangeur jusqu'à ce que la composition soit lisse

3. Composants nutritionnels (quantité par 100ml / composition entière):

Contient De la Vitamine A, du fer, du calcium.

Calories: 131	Cholesterol: 185mg
Calories provenant des matières grasses: 55	Sodium: 89mg
	Potassium: 123mg
Lipides Total: 6.1g	Total Carbohydrates: 10.1g
Lipides saturés: 2.2g	Fibres alimentaires: 0.6g

Sucre: 6.3g
Protéines: 9.1g
Calories: 1176

Calories provenant des matières grasses: 498

Lipides Total: 55.3g

Lipides saturés: 19.5g

Cholesterol: 1667mg

Sodium: 799mg

Potassium: 1111mg

Total Carbohydrates: 91.1g

Fibres alimentaires: 5.1g

Sucre: 56.3g

Protéines: 82.2g

27. Shake à la Citrouille

Temps de Préparation: 5 minutes
Portions: 6

1. Ingrédients:

300g citrouille
300g de framboises
50g crème aigre
200ml lait d'amandes
40g de Protéines de Lactosérum

2. *Préparation:*

Mélanger tous les ingrédients dans un mélangeur jusqu'à ce que la composition soit lisse

3. *Composants nutritionnels (quantité par 100ml / composition entière):*

Contient De la Vitamine A, C, du fer, du calcium.

Calories: 123

Calories provenant des matières grasses: 72

Lipides Total: 8g

Lipides saturés: 6.4g

Cholesterol: 13mg

Sodium: 18mg

Potassium: 238mg

Total Carbohydrates: 9.8g
Fibres alimentaires: 4.1g
Sucre: 3.9g

Shakes de Protéinés Faits Maison pour la Croissance Musculaire Maximale

Protéines: 5.2g
Calories: 986

   Calories provenant des matières grasses: 576

Lipides Total: 64g

   Lipides saturés: 51.1g

Cholesterol: 105mg

Sodium: 146mg

Potassium: 1903mg

Total Carbohydrates: 78.2g
   Fibres alimentaires: 32.7g
   Sucre: 31.2g
Protéines: 41.7g

28. Beets Shake

Temps de Préparation: 5 minutes
Portions: 6

1. Ingrédients:

300g beets
50g Persil
80g de Myrtilles
200ml lait
60g de Protéines de Lactosérum

2. Préparation:

Mélanger tous les ingrédients dans un mélangeur jusqu'à ce que la composition soit lisse

3. Composants nutritionnels (quantité par 100ml / composition entière):

Contient De la Vitamine A, C, du fer, du calcium.

Calories: 89

Cholesterol: 24mg

Calories provenant des matières grasses: 14

Sodium: 77mg

Potassium: 285mg

Lipides Total: 1.5g

Total Carbohydrates: 10.3g

Lipides saturés: 0.7g

Fibres alimentaires: 1.6g

Sucre: 7.2g
Protéines: 9.5g
Calories: 531

    Calories provenant des matières grasses: 81

Lipides Total: 9g

    Lipides saturés: 4.5g

Cholesterol: 142mg

Sodium: 464mg

Potassium: 1711mg

Total Carbohydrates: 61.9g

    Fibres alimentaires: 9.6g

    Sucre: 43.3g

Protéines: 56.8g

29. Shake à la noix de Coco

Temps de Préparation: 5 minutes
Portions: 5

1. Ingrédients:

100ml coconut lait
200ml lait
100g De Yaourt Grec
50g de Protéines de Lactosérum
1 cuillère à café d'extrait de noix de coco
30g flocons de noix de coco

2. Préparation:

Mélanger tous les ingrédients dans un mélangeur jusqu'à ce que la composition soit lisse

3. Composants nutritionnels (quantité par 100ml / composition entière):

Contient De la Vitamine A, C, du fer, du calcium.

Calories: 145

Cholesterol: 25mg

Calories provenant des matières grasses: 78

Sodium: 48mg

Potassium: 184mg

Lipides Total: 8.7g

Total Carbohydrates: 6.2g
Fibres alimentaires: 1g
Sucre: 4.1g

Lipides saturés: 7.2g

Shakes de Protéinés Faits Maison pour la Croissance Musculaire Maximale

Protéines: 11.1g
Calories: 723

　Calories provenant des matières grasses: 391

Lipides Total: 43.4g

　Lipides saturés: 35.9g

Cholesterol: 126mg

Sodium: 241mg

Potassium: 922mg

Total Carbohydrates: 30.8g

　Fibres alimentaires: 4.9g

　Sucre: 20.6g

Protéines: 55.8g

30. Shake à la Mangue

Temps de Préparation: 5 minutes
Portions: 8

1. Ingrédients:

3 mangues
1 banane
50g de fraises
300ml lait
1 jus d'un lime
6 oeufs

2. Préparation:

Mélanger tous les ingrédients dans un mélangeur jusqu'à ce que la composition soit lisse

3. Composants nutritionnels (quantité par 100ml / composition entière):

Contient De la Vitamine A, C, du fer, du calcium.

Calories: 87

Cholesterol: 101mg

Calories provenant des matières grasses: 31

Sodium: 52mg

Potassium: 155mg

Lipides Total: 3.4g

Total Carbohydrates: 10.3g

Lipides saturés: 1.2g

Fibres alimentaires: 1g

Sucre: 7.8g
Protéines: 4.7g
Calories: 874

Calories provenant des matières grasses: 306

Lipides Total: 34g

Lipides saturés: 12.3g

Cholesterol: 1007mg

Sodium: 524mg

Potassium: 1549mg

Total Carbohydrates: 103g

Fibres alimentaires: 9.7g

Sucre: 78.5g
Protéines: 46.7g

31. Shake à la pastèque

Temps de Préparation: 5 minutes
Portions: 6

1. Ingrédients:

300g pastèque
200g cantaloupe
200ml eau
1 cuillère à café extrait de vanille
50g crème aigre
50g de Protéines de Lactosérum

2. Préparation:

Mélanger tous les ingrédients dans un mélangeur jusqu'à ce que la composition soit lisse

3. Composants nutritionnels (quantité par 100ml / composition entière):

Contient De la Vitamine A, C, du fer, du calcium.

Calories: 59	Cholesterol: 16mg
Calories provenant des matières grasses: 16	Sodium: 20mg
	Potassium: 154mg
Lipides Total: 1.8g	Total Carbohydrates: 5.9g
	Fibres alimentaires: 0g
Lipides saturés: 1g	Sucre: 4.5g

Protéines: 5.1g

Calories: 471

   Calories provenant des matières grasses: 128

Lipides Total: 14.2g

   Lipides saturés: 8.3g

Cholesterol: 126mg

Sodium: 158mg

Potassium: 1230mg

Total Carbohydrates: 47.5g
   Fibres alimentaires: 3g
   Sucre: 36.2g

Protéines: 40.7g

32. Shake De Yaourt Grec

Temps de Préparation: 5 minutes
Portions: 6

1. Ingrédients:

300g De yaourt Grec
100g coconut lait
2 cuillère de miel (30g)
40g raisin
200ml lait d'amandes

2. Préparation:

Mélanger tous les ingrédients dans un mélangeur jusqu'à ce que la composition soit lisse

3. Composants nutritionnels (quantité par 100ml / composition entière):

Contient De la Vitamine A, C, du fer, du calcium.

Calories: 167

Cholesterol: 2mg

    Calories provenant des matières grasses: 101

Sodium: 21mg

Potassium: 220mg

Lipides Total: 11.2g

Total Carbohydrates: 13.6g

    Lipides saturés: 9.8g

    Fibres alimentaires: 1.2g

Shakes de Protéinés Faits Maison pour la Croissance Musculaire Maximale

Sucre: 11.5g
Protéines: 5.5g
Calories: 1169

Calories provenant des matières grasses: 706

Lipides Total: 78.4g

Lipides saturés: 68.5g

Cholesterol: 15mg

Sodium: 149mg

Potassium: 1541mg

Total Carbohydrates: 95.1g

Fibres alimentaires: 8.2g

Sucre: 80.3g

Protéines: 38.3g

33. Shake au café et à la banane

Temps de Préparation: 5 minutes
Portions: 6

1. Ingrédients:

25g **café** (moulu)
2 bananes
150ml lait d'amandes
20g beurre de cacahuètes
100ml eau
5 oeufs

2. Préparation:

Mélanger tous les ingrédients dans un mélangeur jusqu'à ce que la composition soit lisse

3. Composants nutritionnels (quantité par 100ml / composition entière):

Contient De la Vitamine A, C, du fer, du calcium.

Calories: 142	Cholesterol: 117mg
Calories provenant des matières grasses: 89	Sodium: 61mg
	Potassium: 240mg
Lipides Total: 9.9g	Total Carbohydrates: 9.7g
Lipides saturés: 5.9g	Fibres alimentaires: 1.5g

Shakes de Protéinés Faits Maison pour la Croissance Musculaire Maximale

Sucre: 5.4g
Protéines: 5.5g
Calories: 992

Calories provenant des matières grasses: 621

Lipides Total: 69g

Lipides saturés: 41.4g

Cholesterol: 818mg

Sodium: 429mg

Potassium: 1683mg

Total Carbohydrates: 68g
Fibres alimentaires: 10.7g
Sucre: 37.5g
Protéines: 38.8g

34. Shake aux Epinards

Temps de Préparation: 5 minutes
Portions: 7

1. Ingrédients:

200g d'épinards
50g de persil
70g de framboises
200ml lait
100ml eau
50g de crème aigre
50g de Protéines de Lactosérum

2. Préparation:

Mélanger tous les ingrédients dans un mélangeur jusqu'à ce que la composition soit lisse

3. Composants nutritionnels (quantité par 100ml / composition entière):

Contient De la Vitamine A, C, du fer, du calcium.

Calories: 72

Calories provenant des matières grasses: 25

Lipides Total: 2.8g

Lipides saturés: 1.5g

Cholesterol: 20mg

Sodium: 58mg

Potassium: 282mg

Total Carbohydrates: 5.3g

Fibres alimentaires: 1.5g
Sucre: 2.2g
Protéines: 7.4g
Calories: 504

Calories provenant des matières grasses: 174

Lipides Total: 19.3g

Lipides saturés: 10.8g

Cholesterol: 143mg

Sodium: 403mg

Potassium: 1973mg

Total Carbohydrates: 37g
Fibres alimentaires: 10.6g
Sucre: 15.2g
Protéines: 52.1g

35. Shake au Chia

Temps de Préparation: 5 minutes
Portions: 5

1. Ingrédients:

100g grains de chia
200ml lait d'amandes
50 crème aigre
50g persil
100ml eau
40g de Protéines de Lactosérum

2. Préparation:

Mélanger tous les ingrédients dans un mélangeur jusqu'à ce que la composition soit lisse

3. Composants nutritionnels (quantité par 100ml / composition entière):

Contient De la Vitamine A, C, du fer, du calcium.

Calories: 174	Cholesterol: 20mg
Calories provenant des matières grasses: 123	Sodium: 30mg
	Potassium: 260mg
Lipides Total: 13.7g	Total Carbohydrates: 6.2g
Lipides saturés: 10g	Fibres alimentaires: 3.3g

Sucre: 1.7g
Protéines: 8.4g
Calories: 872

Calories provenant des matières grasses: 615

Lipides Total: 68.3g

Lipides saturés: 50.1g

Cholesterol: 99mg

Sodium: 152mg

Potassium: 1300mg

Total Carbohydrates: 31.2g

Fibres alimentaires: 16.5g

Sucre: 8.5g

Protéines: 42.1g

36. Shake à la Papaye

Temps de Préparation: 5 minutes
Portions: 6

1. Ingrédients:

3 papayes
50g Flocons d'avoine
300ml lait
1 cuillère à café
50g de Protéines de Lactosérum

2. Préparation:

Mélanger tous les ingrédients dans un mélangeur jusqu'à ce que la composition soit lisse

3. Composants nutritionnels (quantité par 100ml / composition entière):

Contient De la Vitamine A, C, du fer, du calcium.
Calories: 95   Cholesterol: 16mg

Calories provenant des matières grasses: 14

Sodium: 34mg

Potassium: 81mg

Lipides Total: 1.6g

Total Carbohydrates: 14.1g

Lipides saturés: 0.7g

Fibres alimentaires: 1.4g

Sucre: 5.4g
Protéines: 6.5g
Calories: 760

Cholesterol: 130mg

Sodium: 268mg

Calories provenant des matières grasses: 113

Potassium: 648mg

Total Carbohydrates: 113g

Lipides Total: 12.6g

Fibres alimentaires: 11.1g

Lipides saturés: 5.9g

Sucre: 43.5g

Protéines: 52.4g

37.   Shake à la Vanille et à l'Avocat

Temps de Préparation: 5 minutes
Portions: 8

1. Ingrédients:

3 avocats
20g Sucre Vanille
150ml lait
200ml eau
1 cuillère à café extrait de vanille
40g de Protéines de Lactosérum (vanille)

2. Préparation:

Mélanger tous les ingrédients dans un mélangeur jusqu'à ce que la composition soit lisse

3. Composants nutritionnels (quantité par 100ml / composition entière):

Contient De la Vitamine A, C, du fer, du calcium.

Calories: 155

Calories provenant des matières grasses: 111

Lipides Total: 12.3g

Lipides saturés: 2.8g

Cholesterol: 10mg

Sodium: 19mg

Potassium: 325mg

Total Carbohydrates: 8.5g
Fibres alimentaires: 4g
Sucre: 3.2g

Protéines: 4.5g
Calories: 1549

Calories provenant des matières grasses: 1108

Lipides Total: 123.1g

Lipides saturés: 27.8g

Cholesterol: 96mg

Sodium: 187mg

Potassium: 3248mg

Total Carbohydrates: 84.8g
Fibres alimentaires: 40.4g
Sucre: 31.7g
Protéines: 45.1g

38. Shake de Cerises et Amandes

Temps de Préparation: 5 minutes
Portions: 8

1. Ingrédients:

300g cherries
100g lait d'amandes
6 oeufs
30g amandes (émincées)
75g crème aigre
200g lait
1 cuillère extrait de vanille

2. Préparation:

Mélanger tous les ingrédients dans un mélangeur jusqu'à ce que la composition soit lisse

3. Composants nutritionnels (quantité par 100ml / composition entière):

Contient De la Vitamine A, C, du fer, du calcium.

Calories: 158　　　　　　　Lipides saturés: 4.8g

　Calories provenant　　　Cholesterol: 115mg
　des matières grasses:
　85　　　　　　　　　　　Sodium: 64mg

Lipides Total: 9.5g　　　　Potassium: 155mg

Shakes de Protéinés Faits Maison pour la Croissance Musculaire Maximale

Total Carbohydrates: 12.5g
Fibres alimentaires: 0.9g
Sucre: 1.9g
Protéines: 5.8g
Calories: 1424

Calories provenant des matières grasses: 766

Lipides Total: 85.1g

Lipides saturés: 42.8g

Cholesterol: 1031mg

Sodium: 574mg

Potassium: 1394mg

Total Carbohydrates: 113g
Fibres alimentaires: 7.8g
Sucre: 17.4g
Protéines: 51.9g

39. Shake aux Carottes

Temps de Préparation: 5 minutes
Portions: 8

1. Ingrédients:

300g Carottes
200g de fraises
30g persil
200ml lait
50g coconut lait
30g Flocons d'avoine
5 oeufs

2. Préparation:

Mélanger tous les ingrédients dans un mélangeur jusqu'à ce que la composition soit lisse

3. Composants nutritionnels (quantité par 100ml / composition entière):

Contient De la Vitamine A, C, du fer, du calcium.

Calories: 84

Calories provenant des matières grasses: 37

Lipides Total: 4.1g

Lipides saturés: 2g

Cholesterol: 84mg

Sodium: 64mg

Potassium: 208mg

Total Carbohydrates: 8.2g

Fibres alimentaires: 1.7g
Sucre: 3.8g
Protéines: 4.4g
Calories: 844

Calories provenant des matières grasses: 367

Lipides Total: 40.8g

Lipides saturés: 20.3g

Cholesterol: 835mg

Sodium: 640mg

Potassium: 2085mg

Total Carbohydrates: 81.7g
Fibres alimentaires: 16.5g
Sucre: 37.8g
Protéines: 44.2g

40. Shake aux Raisins

Temps de Préparation: 5 minutes
Portions: 8

1. Ingrédients:

400g raisins
50g de Myrtilles
200ml lait
100g De yaourt Grec
1 cuillère extrait de vanille
50g de Protéines de Lactosérum

2. Préparation:

Mélanger tous les ingrédients dans un mélangeur jusqu'à ce que la composition soit lisse

3. Composants nutritionnels (quantité par 100ml / composition entière):

Contient De la Vitamine A, C, du fer, du calcium.

Calories: 88	Cholesterol: 16mg
Calories provenant des matières grasses: 12	Sodium: 29mg
	Potassium: 171mg
Lipides Total: 1.4g	Total Carbohydrates: 12.2g
Lipides saturés: 0.8g	

Fibres alimentaires: 0.6g
Sucre: 10.8g
Protéines: 6.9g
Calories: 706

Calories provenant des matières grasses: 97

Lipides Total: 10.8g

Lipides saturés: 6g

Cholesterol: 126mg

Sodium: 229mg

Potassium: 1364mg

Total Carbohydrates: 97.6g
Fibres alimentaires: 4.8g
Sucre: 86.4g
Protéines: 55.4g

41. Shake de Cashew et Cacao

Temps de Préparation: 5 minutes
Portions: 4

1. Ingrédients:

50g cashew (hachés)
2 cuillères poudre de cacao (30g)
100ml lait d'amandes
200ml eau
50g de Protéines de Lactosérum (Chocolat)

2. Préparation:

Mélanger tous les ingrédients dans un mélangeur jusqu'à ce que la composition soit lisse

3. Composants nutritionnels (quantité par 100ml / composition entière):

Contient De la Vitamine C, du fer, du calcium.
Calories: 197   Cholesterol: 26mg

Calories provenant des matières grasses: 127

Sodium: 30mg

Potassium: 209mg

Lipides Total: 14.1g

Total Carbohydrates: 10.7g

Lipides saturés: 7.8g

Fibres alimentaires: 3.2g

Sucre: 1.9g
Protéines: 12.9g
Calories: 789

Calories provenant des matières grasses: 507

Lipides Total: 56.3g

Lipides saturés: 31.3g

Cholesterol: 104mg

Sodium: 119mg

Potassium: 834mg

Total Carbohydrates: 42.9g

Fibres alimentaires: 12.7g

Sucre: 7.4g

Protéines: 51.7g

42. Shake de Chou Frisé

Temps de Préparation: 5 minutes
Portions: 6

1. Ingrédients:

300g kale
50g Persil
1 lime (jus)
20g gingembre
300ml eau
50ml lait
50g de Protéines de Lactosérum

2. Préparation:

Mélanger tous les ingrédients dans un mélangeur jusqu'à ce que la composition soit lisse

3. Composants nutritionnels (quantité par 100ml / composition entière):

Contient De la Vitamine A, C, du fer, du calcium.

Calories: 59	Lipides saturés: 0g
Calories provenant des matières grasses: 6	Cholesterol: 14mg
	Sodium: 36mg
Lipides Total: 0.7g	Potassium: 300mg
	Total Carbohydrates: 8g

Fibres alimentaires: 1.3g
Sucre: 0.8g
Protéines: 6.3g
Calories: 475

Calories provenant des matières grasses: 52

Lipides Total: 5.8g

Lipides saturés: 2.6g

Cholesterol: 108mg

Sodium: 288mg

Potassium: 2402mg

Total Carbohydrates: 64.2g
Fibres alimentaires: 10.5g
Sucre: 6g
Protéines: 50.1g

43. Shake de Laitue

Temps de Préparation: 5 minutes
Portions: 8

1. Ingrédients:

300g Laitue
50g Épinards
30g Persil
100ml lait d'amandes
30g Flocons d'avoine
5 oeufs
300ml lait

2. Préparation:

Mélanger tous les ingrédients dans un mélangeur jusqu'à ce que la composition soit lisse

3. Composants nutritionnels (quantité par 100ml / composition entière):

Contient De la Vitamine A, C, du fer, du calcium.

Calories: 88   Lipides saturés: 3.2g

Calories provenant des matières grasses: 50

Cholesterol: 84mg

Sodium: 54mg

Lipides Total: 5.5g

Potassium: 172mg

Total Carbohydrates: 5.6g

Fibres alimentaires: 0.9g
Sucre: 2.3g
Protéines: 4.8g
Calories: 880

Calories provenant des matières grasses: 498

Lipides Total: 55.3g

Lipides saturés: 32.5g

Cholesterol: 844mg

Sodium: 544mg

Potassium: 1716mg

Total Carbohydrates: 55.6g
Fibres alimentaires: 9.3g
Sucre: 22.8g
Protéines: 47.8g

44. Shake de Chou Frisé et Gingembre

Temps de Préparation: 5 minutes
Portions: 6

1. Ingrédients:

200g **Chou Frisé**
20g gingembre
4 oeufs
50g coconut lait
100g De Yaourt Grec
200g lait d'amandes
1-2 cuillère de miel (15-30g)
20g grains de chia

2. Préparation:

Mélanger tous les ingrédients dans un mélangeur jusqu'à ce que la composition soit lisse

3. Composants nutritionnels (quantité par 100ml / composition entière):

Contient De la Vitamine A, C, du fer, du calcium.

Calories: 146	Lipides saturés: 7.6g
Calories provenant des matières grasses: 93	Cholesterol: 82mg
	Sodium: 51mg
	Potassium: 292mg
Lipides Total: 10.3g	

Total Carbohydrates: 9.2g
    Fibres alimentaires: 1.6g
    Sucre: 4g
Protéines: 5.9g
Calories: 1165

    Calories provenant des matières grasses: 740

Lipides Total: 82.2g

    Lipides saturés: 60.4g

Cholesterol: 660mg

Sodium: 410mg

Potassium: 2338mg

Total Carbohydrates: 73.7g
    Fibres alimentaires: 13.1g
    Sucre: 31.6g
Protéines: 47g

45. Shake de Concombres

Temps de Préparation: 5 minutes
Portions: 6

1. Ingrédients:

300g concombres
50g Persil
80g Fromage blanc cottage
1 cuillère à café extrait de lime (5g)
300ml eau
40g de Protéines de Lactosérum

2. Préparation:

Mélanger tous les ingrédients dans un mélangeur jusqu'à ce que la composition soit lisse

3. Composants nutritionnels (quantité par 100ml / composition entière):

Contient De la Vitamine A, C, du fer, du calcium.
Calories: 39   Cholesterol: 11mg

   Calories provenant des matières grasses: 5

   Sodium: 55mg

   Potassium: 137mg

   Lipides Total: 0.6g

   Total Carbohydrates: 3.6g
   Fibres alimentaires: 0.6g

   Lipides saturés: 0g

Sucre: 1g
Protéines: 5.4g
Calories: 310

Calories provenant des matières grasses: 43

Lipides Total: 4.8g

Lipides saturés: 2.4g

Cholesterol: 90mg

Sodium: 441mg

Potassium: 1092mg

Total Carbohydrates: 28.8g
Fibres alimentaires: 5g
Sucre: 8g

Protéines: 43.5g

46. Shake de Matcha

Temps de Préparation: 5 minutes
Portions: 6

1. Ingrédients:

20g matcha
1 citron vert (jus)
100g De Yaourt Grec
5 oeufs
50g Persil
50ml coconut lait
200ml lait

2. Préparation:

Mélanger tous les ingrédients dans un mélangeur jusqu'à ce que la composition soit lisse

3. Composants nutritionnels (quantité par 100ml / composition entière):

Contient De la Vitamine A, C, du fer, du calcium.

Calories: 94	Lipides saturés: 3.1g
Calories provenant des matières grasses: 52	Cholesterol: 120mg
	Sodium: 68mg
Lipides Total: 5.8g	Potassium: 148mg
	Total Carbohydrates: 4.6g

Fibres alimentaires: 0.7g
Sucre: 3g
Protéines: 6.8g
Calories: 661

Calories provenant des matières grasses: 367

Lipides Total: 40.8g

Lipides saturés: 21.7g

Cholesterol: 840mg

Sodium: 477mg

Potassium: 1033mg

Total Carbohydrates: 32.1g
Fibres alimentaires: 4.7g
Sucre: 21.3g
Protéines: 47.6g

47. Shake au Broccoli

Temps de Préparation: 5 minutes
Portions: 6

1. Ingrédients:

200g broccoli
50g Persil
30g épinards
30g fromage Blanc cottage
300ml lait
100ml eau
4 oeufs

2. Préparation:

Mélanger tous les ingrédients dans un mélangeur jusqu'à ce que la composition soit lisse

3. Composants nutritionnels (quantité par 100ml / composition entière):

Contient De la Vitamine A, C, du fer, du calcium.

Calories: 59	Lipides saturés: 1.1g
Calories provenant des matières grasses: 25	Cholesterol: 76mg
	Sodium: 71mg
Lipides Total: 2.8g	Potassium: 169mg
	Total Carbohydrates: 3.9g

Fibres alimentaires: 0.8g
Sucre: 2.1g
Protéines: 4.9g
Calories: 526

Calories provenant des matières grasses: 230

Lipides Total: 25.6g

Lipides saturés: 9.7g

Cholesterol: 682mg

Sodium: 635mg

Potassium: 1521mg

Total Carbohydrates: 35.2g
Fibres alimentaires: 7.5g
Sucre: 19.4g
Protéines: 44.4g

48. Shake de Banane et Chou frisé

Temps de Préparation: 5 minutes
Portions: 6

1. Ingrédients:

150ml lait de noix de coco
70g kale
30g spinach
1 banana
40g de Protéines de Lactosérum
200ml eau
Sweetener per taste (de miel/brown Sucre)

2. Préparation:

Mélanger tous les ingrédients dans un mélangeur jusqu'à ce que la composition soit lisse

3. Composants nutritionnels (quantité par 100ml / composition entière):

Contient De la Vitamine A, C, du fer, du calcium.

Calories: 109	Lipides saturés: 5.6g
Calories provenant des matières grasses: 59	Cholesterol: 14mg
	Sodium: 26mg
Lipides Total: 6.5g	Potassium: 260mg
	Total Carbohydrates: 8.1g

Fibres alimentaires: 1.4g
Sucre: 3.5g
Protéines: 6g
Calories: 651

Calories provenant des matières grasses: 352

Lipides Total: 39.2g

Lipides saturés: 33.5g

Cholesterol: 83mg

Sodium: 155mg

Potassium: 1562mg

Total Carbohydrates: 48.5g
Fibres alimentaires: 8.1g
Sucre: 20.8g
Protéines: 36.3g

49. Shake de Mangue et Pêche

Temps de Préparation: 5 minutes
Portions: 8

1. Ingrédients:

2 mangues
4-6 pêches
300ml lait
50g De Yaourt Grec
40g de Protéines de Lactosérum

2. Préparation:

Mélanger tous les ingrédients dans un mélangeur jusqu'à ce que la composition soit lisse

3. Composants nutritionnels (quantité par 100ml / composition entière):

Contient De la Vitamine A, C, du fer, du calcium.

Calories: 64	Cholesterol: 11mg
Calories provenant des matières grasses: 10	Sodium: 24mg
	Potassium: 153mg
Lipides Total: 1.1g	Total Carbohydrates: 9.3g
Lipides saturés: 0.6g	Fibres alimentaires: 0.9g
	Sucre: 8g

Protéines: 4.8g
Calories: 640

Calories provenant des matières grasses: 101

Lipides Total: 11.2g

Lipides saturés: 5.9g

Cholesterol: 111mg

Sodium: 238mg

Potassium: 1531mg

Total Carbohydrates: 93.4g
Fibres alimentaires: 9.5g
Sucre: 80g
Protéines: 48.3g

50. Shake Vert

Temps de Préparation: 5 minutes
Portions: 6

1. Ingrédients:

100g Persil
200g Chou Frisé
100g de framboises
1 cuillère à café extrait de citron vert (5g)
200ml eau
30ml lait
60g de Protéines de Lactosérum

2. Préparation:

Mélanger tous les ingrédients dans un mélangeur jusqu'à ce que la composition soit lisse

3. Composants nutritionnels (quantité par 100ml / composition entière):

Contient De la Vitamine A, C, du fer, du calcium.

Calories: 62

Calories provenant des matières grasses: 7

Lipides Total: 0.8g

Lipides saturés: 0g

Cholesterol: 18mg

Sodium: 39mg

Potassium: 292mg

Total Carbohydrates: 6.8g

Fibres alimentaires: 1.8g
Sucre: 1.2g
Protéines: 7.7g
Calories: 435

Calories provenant des matières grasses: 51

Lipides Total: 5.6g

Lipides saturés: 2.3g

Cholesterol: 128mg

Sodium: 271mg

Potassium: 2046mg

Total Carbohydrates: 47.9g
Fibres alimentaires: 12.8g
Sucre: 8.4g
Protéines: 54g

51. Shake de Goyave

Temps de Préparation: 5 minutes
Portions: 6

1. Ingrédients:

2 Goyave
6 oeufs
200ml lait
20ml lait de noix de coco
20ml lait d'amandes
1 cuillère à café extrait de vanille (5g)
Edulcorant selon le gout (miel/Sucre Brun)

2. Préparation:

Mélanger tous les ingrédients dans un mélangeur jusqu'à ce que la composition soit lisse

3. Composants nutritionnels (quantité par 100ml / composition entière):

Contient De la Vitamine A, C, du fer, du calcium.

Calories: 101	Lipides saturés: 2.8g
Calories provenant des matières grasses: 54	Cholesterol: 143mg
	Sodium: 68mg
Lipides Total: 6g	Potassium: 191mg
	Total Carbohydrates: 5.8g

Fibres alimentaires: 1.5g
Sucre: 4.2g
Protéines: 6.5g
Calories: 709

Calories provenant des matières grasses: 377

Lipides Total: 41.9g

Lipides saturés: 19.8g

Cholesterol: 999mg

Sodium: 477mg

Potassium: 1336mg

Total Carbohydrates: 40.7g
Fibres alimentaires: 10.6g
Sucre: 29.3g
Protéines: 45.5g

52. Shake de Mûres

Temps de Préparation: 5 minutes
Portions: 6

1. Ingrédients:

300g de **Mûres**
200g Épinards
50g Fromage Blanc cottage
300g lait
3 oeufs
30g Flocons d'avoine

2. Préparation:

Mélanger tous les ingrédients dans un mélangeur jusqu'à ce que la composition soit lisse

3. Composants nutritionnels (quantité par 100ml / composition entière):

Contient De la Vitamine A, C, du fer, du calcium.

Calories: 67	Cholesterol: 52mg
Calories provenant des matières grasses: 22	Sodium: 72mg
	Potassium: 220mg
Lipides Total: 2.4g	Total Carbohydrates: 7.5g
Lipides saturés: 0.9g	Fibres alimentaires: 1.2g

Shakes de Protéinés Faits Maison pour la Croissance Musculaire Maximale

Sucre: 4g
Protéines: 4.7g
Calories: 672

Calories provenant des matières grasses: 217

Lipides Total: 24.1g

Lipides saturés: 8.9g

Cholesterol: 520mg

Sodium: 719mg

Potassium: 2204mg

Total Carbohydrates: 74.6g

Fibres alimentaires: 12.5g

Sucre: 40.1g
Protéines: 47.3g

53. Shake de Pamplemousse

Temps de Préparation: 5 minutes
Portions: 6

1. Ingrédients:

2 Pamplemousses
200g De Yaourt Grec
200ml eau
30g Edulcorant (Miel/Sucre Brun)
50g de Protéines de Lactosérum

2. Préparation:

Mélanger tous les ingrédients dans un mélangeur jusqu'à ce que la composition soit lisse

3. Composants nutritionnels (quantité par 100ml / composition entière):

Contient De la Vitamine A, C, du fer, du calcium.
Calories: 61

Calories provenant des matières grasses: 9

Lipides Total: 1g

Lipides saturés: 0.7g

Cholesterol: 16mg

Sodium: 23mg

Potassium: 132mg

Total Carbohydrates: 10g
Fibres alimentaires: 2.9g
Sucre: 3.9g

Shakes de Protéinés Faits Maison pour la Croissance Musculaire Maximale

Protéines: 8.2g
Calories: 425

   Calories provenant des matières grasses: 65

Lipides Total: 7.2g

   Lipides saturés: 4.5g

Cholesterol: 114mg

Sodium: 160mg

Potassium: 923mg

Total Carbohydrates: 69.9g
   Fibres alimentaires: 20.5g
   Sucre: 27.4g
Protéines: 57.3g

54. Shake de Melon

Temps de Préparation: 5 minutes
Portions: 6

1. Ingrédients:

300g melon
200g De Yaourt Grec
100ml eau
20g Edulcorant (Miel/Sucre Brun)
50g de Protéines de Lactosérum

2. Préparation:

Mélanger tous les ingrédients dans un mélangeur jusqu'à ce que la composition soit lisse

3. Composants nutritionnels (quantité par 100ml / composition entière):

Contient De la Vitamine A, C, du fer, du calcium.

Calories: 64

Calories provenant des matières grasses: 10

Lipides Total: 1.1g

Lipides saturés: 0.7g

Cholesterol: 16mg

Sodium: 29mg

Potassium: 195mg

Total Carbohydrates: 8.8g
Fibres alimentaires: 2.1g
Sucre: 4.7g

Protéines: 8.3g
Calories: 445

Calories provenant des matières grasses: 68

Lipides Total: 7.6g

Lipides saturés: 4.6g

Cholesterol: 114mg

Sodium: 205mg

Potassium: 1367mg

Total Carbohydrates: 62g
Fibres alimentaires: 14.5g
Sucre: 33.1g
Protéines: 58.2g

55. Shake de Grenades

Temps de Préparation: 5 minutes
Portions: 6

1. Ingrédients:

4 Grenades
60g poudre de lactosérum
200ml lait
1 cuillère à café extrait de vanille
20g crème aigre

2. Préparation:

Mélanger tous les ingrédients dans un mélangeur jusqu'à ce que la composition soit lisse

3. Composants nutritionnels (quantité par 100ml / composition entière):

Contient De la Vitamine A, C, du fer, du calcium.

Calories: 88

Calories provenant des matières grasses: 12

Lipides Total: 1.3g

Lipides saturés: 0.8g

Cholesterol: 17mg

Sodium: 24mg

Potassium: 233mg

Total Carbohydrates: 13.6g

Fibres alimentaires: 0g

Sucre: 10.6g

Protéines: 6g
Calories: 790

Calories provenant des matières grasses: 108

Lipides Total: 12g

Lipides saturés: 6.9g

Cholesterol: 151mg

Sodium: 215mg

Potassium: 2093mg

Total Carbohydrates: 123g
Fibres alimentaires: 4g
Sucre: 95.7g
Protéines: 54.2g

56. Shake de Kiwi

Temps de Préparation: 5 minutes
Portions: 6

1. Ingrédients:

100g kiwis
8 oeufs
200ml lait
20g Edulcorant (Miel/Sucre Brun)
100g De Yaourt Grec

2. Préparation:

Mélanger tous les ingrédients dans un mélangeur jusqu'à ce que la composition soit lisse

3. Composants nutritionnels (quantité par 100ml / composition entière):

Contient De la Vitamine A, C, du fer, du calcium.

Calories: 93

Cholesterol: 166mg

    Calories provenant des matières grasses: 47

Sodium: 78mg

Potassium: 130mg

Lipides Total: 5.2g

Total Carbohydrates: 6.9g
    Fibres alimentaires: 1.9g
Sucre: 3.1g

    Lipides saturés: 1.9g

Protéines: 7.8g
Calories: 743

Calories provenant des matières grasses: 376

Lipides Total: 41.7g

Lipides saturés: 15g

Cholesterol: 1331mg

Sodium: 626mg

Potassium: 1043mg

Total Carbohydrates: 55g
Fibres alimentaires: 14.8g
Sucre: 25g
Protéines: 62.2g

57.   Shake de Kiwis et Fraises

Temps de Préparation: 5 minutes
Portions: 6

1. Ingrédients:

200g kiwis
150g de fraises
50g De Yaourt Grec
200ml lait
60g poudre de lactosérum

2. Préparation:

Mélanger tous les ingrédients dans un mélangeur jusqu'à ce que la composition soit lisse

3. Composants nutritionnels (quantité par 100ml / composition entière):

Contient De la Vitamine A, C, du fer, du calcium.

Calories: 78	Cholesterol: 21mg
Calories provenant des matières grasses: 13	Sodium: 33mg
	Potassium: 197mg
Lipides Total: 1.5g	Total Carbohydrates: 8.6g
Lipides saturés: 0.7g	Fibres alimentaires: 1.3g
	Sucre: 5.5g

Protéines: 8.3g
Calories: 543

Calories provenant des matières grasses: 93

Lipides Total: 10.3g

Lipides saturés: 5.1g

Cholesterol: 144mg

Sodium: 228mg

Potassium: 1382mg

Total Carbohydrates: 60.1g
Fibres alimentaires: 9g
Sucre: 38.4g
Protéines: 57.9g

58. Shake de Melon Cantaloupe

Temps de Préparation: 5 minutes
Portions: 6

1. Ingrédients:

1 Melon Cantaloupe (500g)
200g De Yaourt Grec
1 cuillère à café extrait de vanille (5g)
100ml lait
40g Flocons d'avoine
6 oeufs

2. Préparation:

Mélanger tous les ingrédients dans un mélangeur jusqu'à ce que la composition soit lisse

3. Composants nutritionnels (quantité par 100ml / composition entière):

Contient De la Vitamine A, C, du fer, du calcium.

Calories: 111	Cholesterol: 143mg
Calories provenant des matières grasses: 45	Sodium: 72mg
	Potassium: 121mg
Lipides Total: 5g	Total Carbohydrates: 7.2g Fibres alimentaires: 0.7g
Lipides saturés: 1.8g	

Sucre: 3.2g
Protéines: 9g
Calories: 775

Calories provenant des matières grasses: 315

Lipides Total: 35g

Lipides saturés: 12.9g

Cholesterol: 1001mg

Sodium: 502mg

Potassium: 846mg

Total Carbohydrates: 50.7g
Fibres alimentaires: 5g
Sucre: 22.6g
Protéines: 62.9g

59. Shake aux Fruits de la Passion

Temps de Préparation: 5 minutes
Portions: 4

1. Ingrédients:

6 Fruits de la Passion (Epluchés)
50g de fraises
200ml lait d'amandes
50ml lait
1 cuillère à café extrait de vanille (5g)
60g de Protéines de Lactosérum

2. Préparation:

Mélanger tous les ingrédients dans un mélangeur jusqu'à ce que la composition soit lisse

3. Composants nutritionnels (quantité par 100ml / composition entière):

Contient De la Vitamine A, C, du fer, du calcium.

Calories: 171	Cholesterol: 26mg
Calories provenant des matières grasses: 97	Sodium: 39mg
	Potassium: 272mg
Lipides Total: 10.8g	Total Carbohydrates: 10.1g
Lipides saturés: 9.1g	

Fibres alimentaires: 3.3g
Sucre: 5.2g
Protéines: 10.4g
Calories: 857

Calories provenant des matières grasses: 485

Lipides Total: 53.9g

Lipides saturés: 45.4g

Cholesterol: 129mg

Sodium: 193mg

Potassium: 1361mg

Total Carbohydrates: 50.5g
Fibres alimentaires: 16.7g
Sucre: 26g
Protéines: 51.9g

60. Shake de Groseilles

Temps de Préparation: 5 minutes
Portions: 6

1. Ingrédients:

350g Groseilles
200ml lait
1 cuillère à café Beurre de Cacahuètes (15g)
7 oeufs
100g De Yaourt Grec

2. Préparation:

Mélanger tous les ingrédients dans un mélangeur jusqu'à ce que la composition soit lisse

3. Composants nutritionnels (quantité par 100ml / composition entière):

Contient De la Vitamine A, C, du fer, du calcium.

Calories: 85

Calories provenant des matières grasses: 36

Lipides Total: 4g

Lipides saturés: 1.4g

Cholesterol: 117mg

Sodium: 59mg

Potassium: 167mg

Total Carbohydrates: 6.6g
Fibres alimentaires: 1.5g
Sucre: 4.2g

Protéines: 6.2g
Calories: 846

   Calories provenant des matières grasses: 326

Lipides Total: 40.2g

   Lipides saturés: 14.2g

Cholesterol: 1168mg

Sodium: 589mg

Potassium: 1669mg

Total Carbohydrates: 65.9g
   Fibres alimentaires: 15.4g
   Sucre: 42g
Protéines: 61.7g

AUTRES GRANDS TITRES PAR CET AUTEUR